भीमराव रामजी अम्बेडकर

दिव्या चंडोक
अनुवादकः सुमन बाजपेयी

Om KIDZ
An imprint of Om Books International

First Published in 2019 by

Om Kidz | Om Books International

Corporate & Editorial Office
A-12, Sector 64, Noida 201 301
Uttar Pradesh, India
Phone: +91 120 477 4100
Email: editorial@ombooks.com
Website: www.ombooksinternational.com

Sales Office
107, Ansari Road, Darya Ganj
New Delhi 110 002, India
Phone: +91 11 4000 9000
Email: sales@ombooks.com
Website: www.ombooks.com

Author: Divya Chandhok
Translator: Suman Bajpai
Art & Design: Manoj Parsad, Sandeep Tiwari, Harish Arya

ISBN: 9789384225179
Printed in India
10 9 8 7 6 5 4 3 2 1

अनुक्रम

भूमिका 05
अम्बेडकर का जन्म 07
महार जाति की दुर्दशा 09
भेदभाव 11
बंबई जाना 21
स्नातक करने वाले पहले अछूत 23
छात्रवृत्ति 27
भारत वापसी 33
पेशों में बदलाव 35
मूकनायक का गठन 37
लंदन 39
बहिष्कृत हितकारणी सभा 41
भेदभाव के विरुद्ध अहिंसात्मक लड़ाई 45
पृथक निर्वाचक–मंडल की मांग 49
पुणे समझौता 51
भारत के संविधान को गढ़ना 61
अम्बेडकर का संविधान 63
अवलोकन 65
बौद्ध धर्म को अपनाना 71
अम्बेडकर की मृत्यु 79

भूमिका

बाबासाहेब अम्बेडकर के नाम से लोकप्रिय भीमराव अम्बेडकर, एक भारतीय राजनैतिक सुधारक थे। वह सामाजिक रूप से पिछड़ी हुई जातियों जैसे अछूत या दलितों के उद्धार के लिए निरंतर संघर्ष करते रहे। उन्होंने भारतीय स्वतंत्रता संग्राम में हिस्सा लिया और भारत के संविधान का निर्माण करने में एक महत्वपूर्ण भूमिका निभाई। यही नहीं उन्होंने महिलाओं व गरीबों के समान अधिकारों के लिए भी आवाज़ उठाई।

अम्बेडकर का जन्म

अम्बेडकर का जन्म 14 अप्रैल 1891 को मध्य प्रदेश के एक छोटे से गाँव मऊ में हुआ था। उनके पिता का नाम रामजी मालोजी सकपाल और मां का नाम भीमाबाई था। वह अपने माता–पिता की चौदहवीं संतान थे। उनके पिता ब्रिटिश भारतीय सेना में काम करते थे।

महार जाति की दुर्दशा

अम्बेडकर का परिवार महार जाति से संबंधित था जिसे अछूत समझा जाता था। उस समय, इस जाति के लोगों के साथ सामाजिक व आर्थिक रूप से भेदभाव किया जाता था और न तो उन्हें शिक्षा पाने का अधिकार था और न ही उनके लिए पर्याप्त रोज़गार के अवसर थे। गंदगी और स्वच्छ वातावरण के अभाव में वे बीमारियों से घिरे रहते थे।

भेदभाव

चूंकि अम्बेडकर के पिता सेना में अच्छे पद पर थे इसलिए उनके बच्चों को अच्छे स्कूलों में दाखिला मिल गया। अम्बेडकर को भी स्कूल जाने का मौका मिला पर उन्हें ब्राहम्ण और अन्य उच्च जातियों का कड़ा विरोध सहना पड़ा। अकसर उन्हें बाकी बच्चों से अलग बैठाया जाता और कक्षा में आने तक की अनुमति नहीं मिलती। अध्यापक भी दलित बच्चों को पढ़ाने से कतराते थे और परीक्षा–पत्र तक जांचने से मना कर देते थे।

घर पर, उनकी बहनें ही सारे कपड़े धोती थीं क्योंकि कोई भी धोबी अछूतों के कपड़े धोने के लिए तैयार नहीं होता था। यहाँ तक कि अम्बेडकर की बड़ी बहन ही उनके बाल काटती थी क्योंकि कोई भी नाई उनके बाल काटना नहीं चाहता था।

स्कूल में अपने साथ होने वाले भेदभाव के बारे में तो अम्बेडकर ने लिखा ही साथ ही कई जगह इस बारे में भी ज़िक्र किया कि कैसे स्कूल के चपरासी के बिना उन्हें पानी लेने तक की भी अनुमति नहीं थी। अपनी किताब में एक जगह वह इस तरह इस बात को एक ही पंक्ति में लिखते हुए कहते हैं– 'चपरासी नहीं, तो पानी भी नहीं।'

कक्षा में उन्हें बाकी सब बच्चों के साथ बैठने की अनुमति नहीं थी। उन्हें एक कोने में टाट के एक टुकड़े पर बैठना पड़ता था जिसे वह बाद में अपने साथ ही घर ले जाते थे।

जब वह मात्र पांच वर्ष के थे, उनकी मां का देहांत हो गया। पैसों की तंगी होने की वजह से बहुत ही कठिनता से उनका व उनके भाई–बहनों का पालन–पोषण फिर उनकी चाची ने किया।

उनकी चाची के पैरों में तकलीफ थी और वह बिना किसी की सहायता के चलने–फिरने में असमर्थ थीं। तब तक उनकी बहनों का विवाह हो चुका था इसलिए लड़कों को ही खाना बनाना पड़ता था। चूंकि उन्हें रोटी बनानी नहीं आती थी इसलिए वे ज़्यादातर चावल ही खाते थे। चावल को बनाना और साथ ही मांस व चावल को मिलाकर खाना भी आसान था।

बंबई जाना

अपने भाई–बहनों में वही एकमात्र थे, जो हाई स्कूल की पढ़ाई पूरी करने में सफल हुए। वस्तुतः महार जाति में से किसी का शिक्षा के इस स्तर तक पहुंचना बहुत ही दुर्लभ बात थी। 1897 में, उनका परिवार बंबई (वर्तमान में मुंबई) चला गया जहाँ उन्होंने एल्फिनस्टॉन हाई स्कूल में प्रवेश ले लिया। उच्च शिक्षा प्राप्त करने की दिशा में जब वह प्रयासरत थे तभी 1906 में एक नौ–वर्षीय लड़की रमाबाई से उनका विवाह करा दिया गया।

स्नातक करने वाले पहले अछूत

1907 में मैट्रिक (मैट्रिकुलेशन) करने के बाद, उन्होंने 1908 में एल्फिनस्टॉन हाई स्कूल में प्रवेश ले लिया। बंबई यूनिवर्सिटी से संबंद्धित एक कॉलेज में प्रवेश लेने वाले पहले दलित होने के कारण एक बार फिर से उन्होंने इतिहास रचा।

अर्थशास्त्र और राजनैतिक विज्ञान में उन्होंने 1912 में स्नातक की डिग्री प्राप्त की।

उनके जाति के लोगों ने ज़ोर–शोर से उनकी सफलता का जश्न मनाया। सार्वजनिक समारोह के बाद, उनके अध्यापक, कृष्णजी अर्जुन केलुसकर ने उन्हें बुद्ध की जीवनी उपहार में दी।

छात्रवृत्ति

उन्हें बड़ौदा राज्य सरकार में नौकरी मिल गई। 1913 में न्यूयॉर्क की कोलम्बिया यूनिवर्सिटी से स्नातकोत्तर करने के लिए बड़ौदा स्टेट स्कॉलरशिप मिलने के कुछ समय बाद ही उन्होंने उस नौकरी को छोड़ दिया। 1915 में अम्बेडकर ने मुख्य विषय के रूप में अर्थशास्त्र और सहायक विषयों के रूप में समाजविज्ञान, इतिहास, दर्शनशास्त्र और मानवशास्त्र के साथ एम.ए किया।

न्यूयॉर्क शहर में, शुरुआत में अम्बेडकर एक छात्रावास में रहे और फिर भारतीय छात्रों द्वारा संचालित एक हाउसिंग क्लब में रहने लगे। उनके साथ कमरे में उनका एक पारसी मित्र, नवल भैटाना भी रहते थे जो लंबे समय तक उनके मित्र रहे।

1916 में, वह लंदन गए जहाँ उन्होंने 'ग्रेज़ इन' में वकालत की पढ़ाई करने के लिए नाम लिखवाया। लेकिन छात्रवृत्ति समाप्त हो जाने की वजह से उन्हें 1917 में भारत वापस लौटना पड़ा।

भारत वापसी

पांच साल के लंबे समय तक भारत से बाहर रहने के कारण अम्बेडकर यह भूल ही गए थे कि भारत में अछूतों के साथ कैसा व्यवहार किया जाता है। पर जैसे ही उन्होंने भारत में कदम रखा, वह इस सच्चाई से अवगत हो गए। बड़ौदा लौटने पर उन्हें रहने के लिए कोई ठिकाना नहीं मिला। हिंदू होटलों में तो रहने का सवाल ही नहीं उठता था। एक गाड़ीवान ने उन्हें पारसी सराय में रहने की सलाह दी, पर अम्बेडकर को पता नहीं था कि वहाँ केवल पारसी समुदाय के लोग ही रह सकते हैं। इसलिए वहाँ भी उन्हें ठहरने की अनुमति नहीं मिली। बहुत आग्रह व ज़्यादा किराया देने की बात पर उन्हें वहाँ ठहरने दिया गया। लेकिन अभी उनकी मुशकिलें कम नहीं हुई थीं। उन्हें वहाँ रहते ग्यारह दिन हो गए थे जब बहुत सारे पारसियों ने आकर उन्हें धमकाया कि वह सराय छोड़ कर चले जाएं।

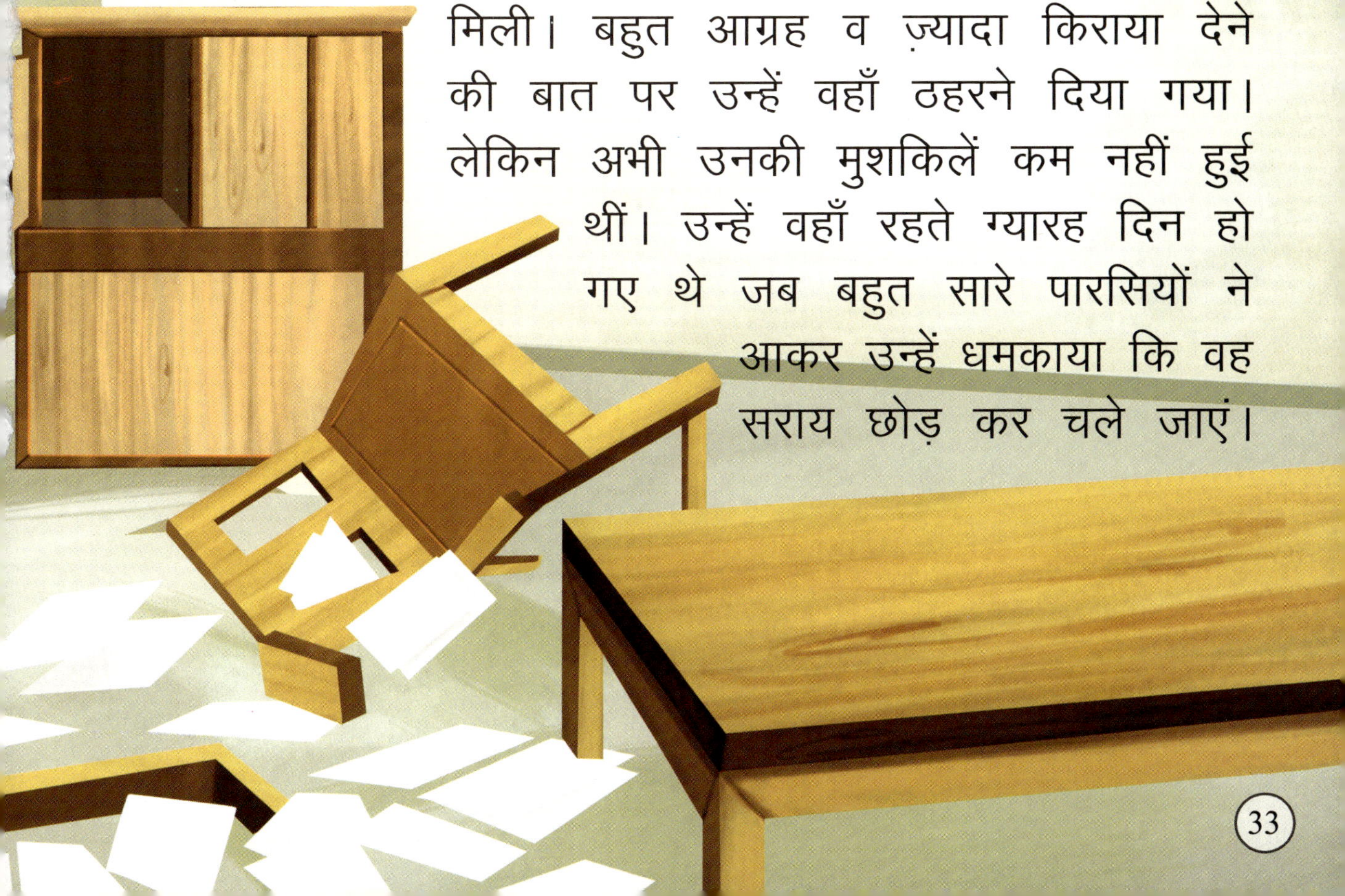

पेशों में बदलाव

भारत में, उन्होंने बड़ौदा राज्य सेना में रक्षा सचिव के रूप में काम किया, पर जल्दी ही उन्होंने वह नौकरी छोड़ दी। उन्हें लगा कि यह काम उनके लिए करना आसान नहीं है। निम्न जाति के होने के कारण अकसर उनका वहाँ मज़ाक भी उड़ाया जाता था। वह एक प्राइवेट ट्यूटर का काम करने लगे और साथ ही इंवेस्टमेंट कंसल्टिंग के काम को भी करने की कोशिश की। लेकिन जब लोगों को उनके अछूत होने की बात पता चली तो उन्होंने उनके साथ काम करने से मना कर दिया।

1918 में, बतौर राजनैतिक अर्थशास्त्र के प्रोफेसर वह बंबई के सिडेनहैम कॉलेज से जुड़ गए। उन्होंने एक वकील के रूप में भी काम किया। कॉलेज में बाकी अन्य प्रोफेसर इस पर आपत्ति जताते थे कि वह भी वही पानी पीते हैं जो वे पीते हैं।

मूकनायक का गठन

जातीय भेदभाव से पीड़ित अम्बेडकर ने समाज में अछूतों के स्तर में सुधार करने का बीड़ा उठाया। कोल्हापुर के महाराजा की सहायता से उन्होंने एक साप्ताहिक समाचार पत्र, 'मूकनायक' की शुरुआत की जो रुढ़िवादी भारतीय मान्यताओं का कट्टर विरोधी था। जल्दी ही भारतीय राजनैतिक फलक में अम्बेडकर ने अपनी एक पहचान बना ली।

लंदन

पर्याप्त धन जमा होने के बाद वह अपनी शिक्षा पूरी करने के लिए फिर से लंदन गए। 1921 में, उन्होंने लंदन स्कूल ऑफ इकोनॉमिक्स से स्नात्तकोत्तर की डिग्री प्राप्त की। दो वर्ष बाद, उन्हें अर्थशास्त्र में डी.एस.सी. मिल गई। 1923 में, एक बैरिस्टर के रूप में उन्होंने ब्रिटिश बार में प्रवेश किया। उन्होंने हिल्टन यंग कमीशन को एक प्रभावशाली शोध पत्र लिखा जिसने भारतीय रिज़र्व बैंक (आरबीआई) का आधार तैयार किया।

बहिष्कृत हितकारणी सभा

भारत लौटने के बाद उन्होंने वकालत शुरू कर दी। जातीय भेदभाव का उन्मूलन करने की उनकी इच्छा व जोश ने उन्हें 1924 में 'बहिष्कृत हितकारणी सभा' की स्थापना करने की प्रेरणा दी। पिछड़े वर्ग के लोगों को शिक्षा प्रदान करना और उनके सामाजिक–आर्थिक स्तर में सुधार करना ही इस संगठन का उद्देश्य था।

1925 में, ऑल यूरोपियन सिमन कमीशन के अंतर्गत काम करने के लिए उन्हें बॉम्बे प्रेसीडेंसी कमेटी में नियुक्त किया गया। हालांकि कांग्रेस द्वारा समिति की रिपोर्ट को रद्द कर दिया गया जिसने स्वतंत्र भारत के संविधान का अपना एक संस्करण तैयार किया।

भेदभाव के विरुद्ध अहिंसात्मक लड़ाई

1927 तक, भेदभाव के विरुद्ध विरोध प्रदर्शन करने में वह अत्यंत सक्रिय हो गए। गांधीजी के पदचिह्नों पर चलते हुए, समाज में बदलाव लाने के लिए उन्होंने भी अहिंसा का मार्ग अपनाया। उन्होंने छुआछूत के खिलाफ जन आंदोलन किए और अछूतों के अधिकारों के लिए लड़ाई की। महाड़ सत्याग्रह अम्बेडकर की राजनैतिक विचारधारा में एक सबसे महत्वपूर्ण क्षण था। यह गांधीजी के डांडी यात्रा से तीन वर्ष पहले हुआ था। महाड़ में चवदार नामक तालाब से पानी पीने के लिए दलितों के एक समूह का प्रतिनिधित्व करते हुए, अम्बेडकर ने न सिर्फ पानी के सार्वजनिक स्रोत से दलितों के पानी लेने के अधिकार पर ज़ोर दिया, वरन उन्होंने दलितों की मुक्ति का मार्ग भी प्रशस्त कर दिया। उन्होंने कहा, 'हम केवल उसका पानी पीने के लिए चवदार तालाब पर नहीं जा रहे हैं। हम इस बात की पुष्टि करने तालाब पर जा रहे हैं कि हम भी दूसरों की तरह इंसान हैं। यह बात स्पष्ट है कि यह सभा समानता के नियमों को स्थापित करने के लिए बुलाई गई है।'

1930 में, कालाराम मंदिर में प्रवेश करने की अनुमति पाने के लिए, उन्होंने करीब पंद्रह हज़ार दलितों का शांतिपूर्ण जुलूस निकाला।

पृथक निर्वाचक-मंडल की मांग

1932 में, उन्हें लंदन में दूसरी गोलमेज़ सम्मेलन में भाग लेने के लिए आमंत्रित किया गया। उसमें उन्होंने दलितों के लिए पृथक निर्वाचक-मंडल की मांग की। उनका मानना था कि दलितों के अधिकारों की मांग करने का यही सही तरीका है, पर गांधीजी निर्वाचक-मंडल को विभाजित करने की योजना के विरुद्ध थे।

पुणे समझौता

जब अम्बेडकर की मांग का ब्रिटिश सरकार ने समर्थन किया तो गांधीजी ने पुणे की यरवदा सेंट्रल जेल में ही, जहाँ वह उस समय कैद थे, आमरण अनशन करने का फैसला किया। सांप्रदायिक झगड़े न हो जाएं, इस डर से अम्बेडकर ने अपनी पृथक निर्वाचक–मंडल की मांग को वापस ले लिया। अंततः, पुणे समझौता द्वारा गांधीजी और अम्बेडकर की आपसी सुलह हुई। इस समझौते के अनुसार तय हुआ कि प्रादेशिक विधानसभाओं और राज्यों की केंद्रीय परिषदों में कुछ सीटें दलितों के लिए आरक्षित की जाएंगी।

हालांकि गांधीजी और अम्बेडकर के बीच तनाव कायम रहा, पर पुणे समझौता राजनैतिक रूप से उन्हें एक–दूसरे के करीब ले आया। दोनों ने आज़ादी के लिए लड़ाई की, लेकिन अम्बेडकर को तो एक और अन्य लड़ाई भी लड़नी थी। वह थी समाज में दलितों और अन्य निम्न तबकों के

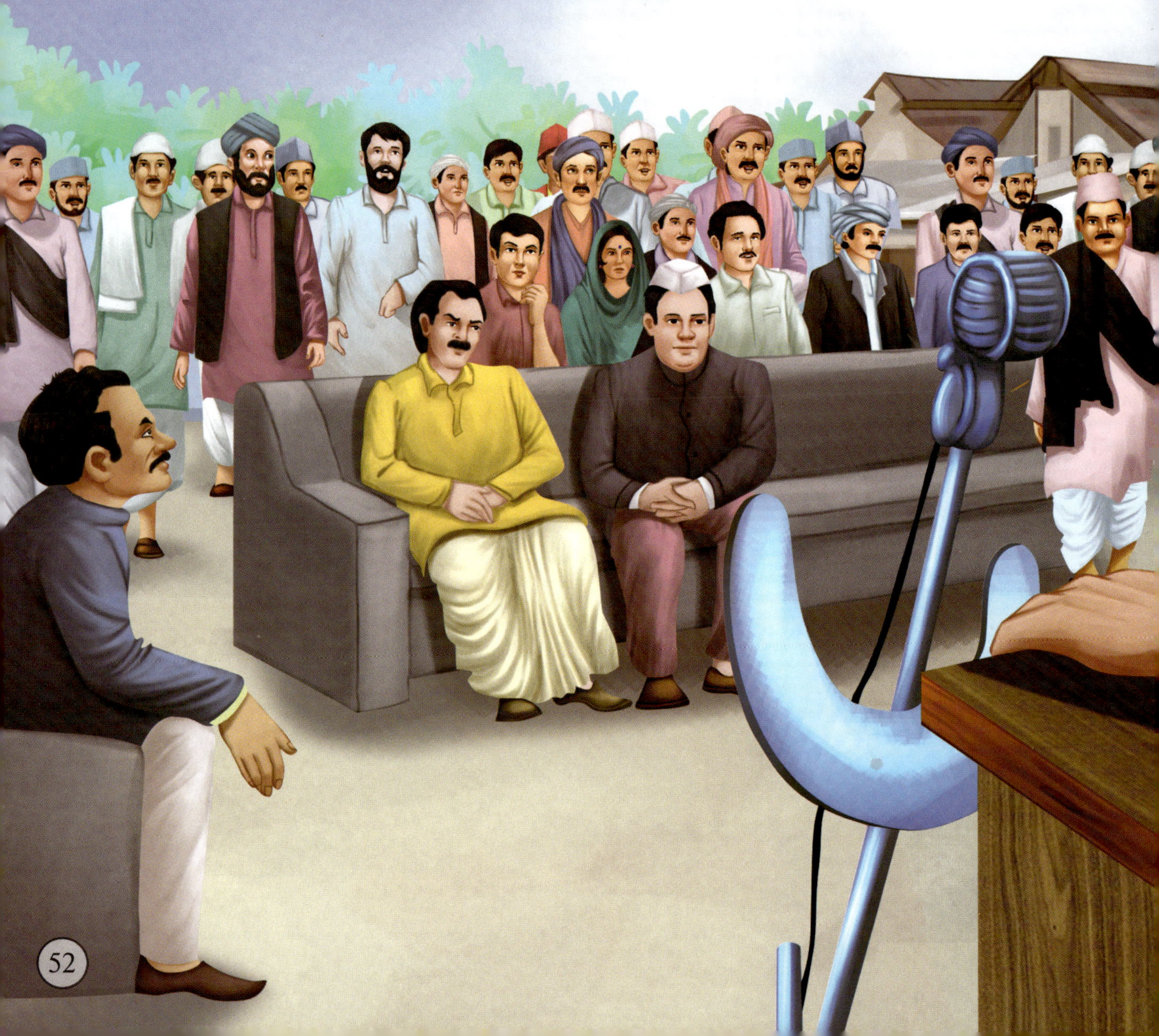

लोगों का उद्धार। उन्होंने कहा, 'भारत को स्वराज मिलना ही काफी नहीं है। यह बात ज़्यादा महत्व रखती है कि स्वराज किनके हाथों में है।'

1935 में, उन्हें गवर्मेंट लॉ कॉलेज का प्रधानाचार्य नियुक्त किया गया और 1937 तक वह इस पद पर रहे। 1937 में, चुनावों में अछूतों का प्रतिनिधित्व करने के लिए उन्होंने स्वतंत्र लेबर पार्टी की स्थापना की।

उसी वर्ष, उन्होंने अपनी पुस्तक 'द एन्निहिलेशन ऑफ कास्ट्स' (जाति का विनाश) लिखी जिसमें उन्होंने कड़े शब्दों में हिंदू रुढ़िवादी नेताओं का विरोध किया था और जाति

प्रथा के विरुद्ध लिखा था। उसके बाद उन्होंने 'हू वर द शुद्राज़?' (शूद्र कौन थे?) लिखी। इसमें उन्होंने बताया था कि कैसे भारतीय समाज में अछूतों को विकसित किया गया है।

अम्बेडकर ने बहुत कठोरता से रुढ़िवादी हिंदुत्व और खासतौर पर जाति प्रथा की आलोचना की। उनकी किताब–'द एन्निहिलेशन ऑफ कास्ट'–उनके विचारों की अभिव्यक्ति है।

'जाति की समस्या के मेरे अध्ययन में चार बिंदू शामिल हैं (1) यह कि हिंदू आबादी के मिश्रित ढांचे के बावजूद, एक मज़बूत सांस्कृतिक एकता है, (2) यह कि जाति विशाल सांस्कृतिक इकाई के टुकड़ों में बंधी हुई है, (3) यह कि शुरुआत एक जाति से हुई थी, और (4) यह कि जातियां नकल व बहिष्कार के द्वारा जातियां बन गई हैं।'

लंबी बीमारी के कारण अम्बेडकर की पत्नी का देहांत हो गया। उन्हें भी मधुमेह हो गया और वह अपना इलाज कराने 1940 के आखिरी दशकों में बंबई गए। वहाँ उनकी मुलाकात डॉ. शारदा कबीर से हुई जो एक

सारस्वत ब्राह्मण थीं। उन दोनों ने 1948 में नई दिल्ली में विवाह कर लिया। विवाह के बाद उन्होंने अपना नाम शारदा अम्बेडकर रख लिया और पूरी ज़िंदगी उनका ख्याल रखती रहीं।

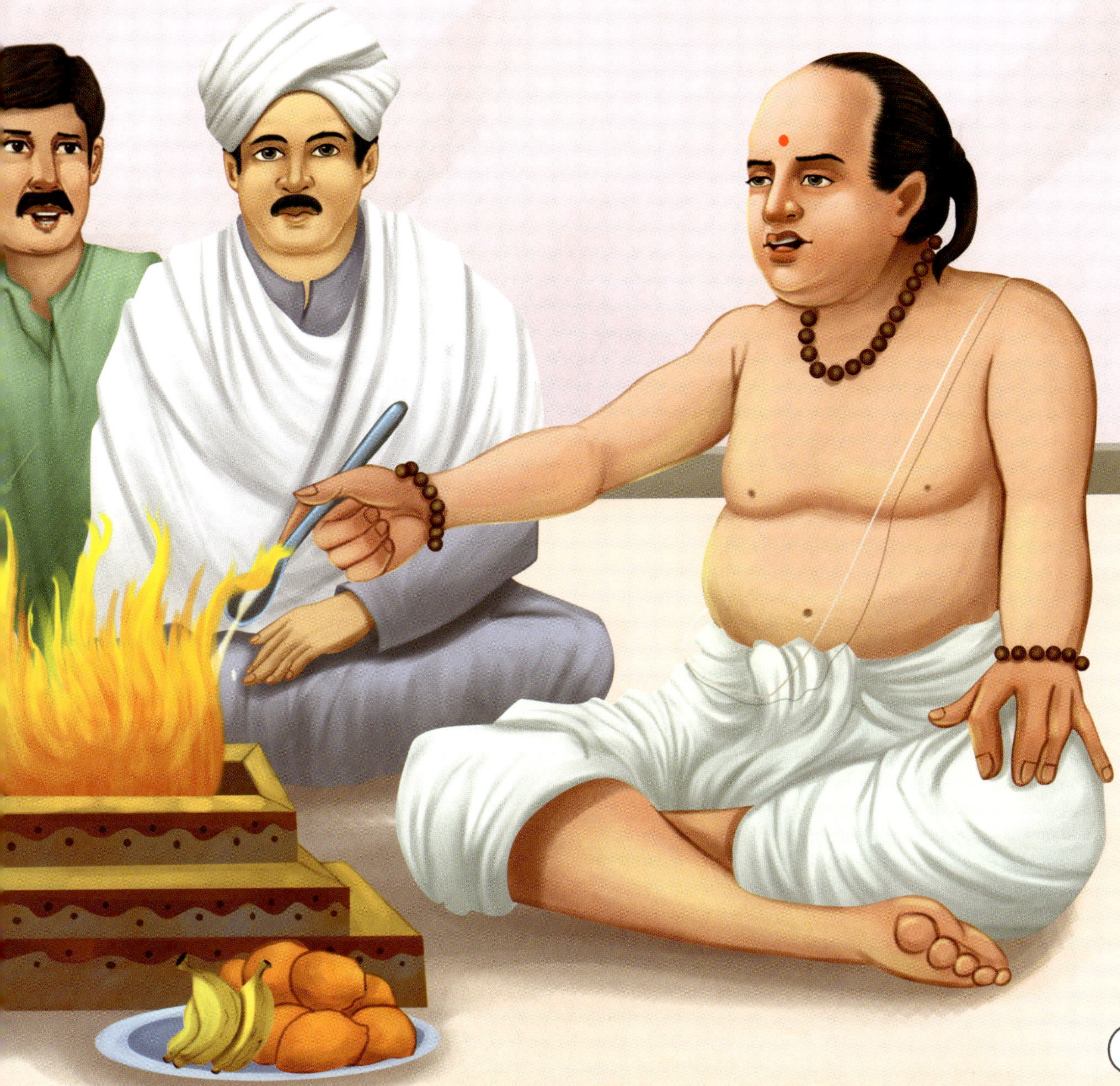

भारत के संविधान को गढ़ना

भारत की स्वतंत्रता के तुरंत बाद, उन्होंने अपनी राजनैतिक पार्टी को अखिल भारतीय दलित जातीय संघ (ऑल इंडिया शैडयुल्ड कास्ट्स फेडरेशन) में परिवर्तित करने की घोषणा की। हालांकि, भारत की संवैधानिक सभा के लिए 1947 में हुए चुनावों में पार्टी को ज़्यादा वोट नहीं मिले।

भारत की स्वतंत्रता के बाद, कांग्रेस के नेतृत्व वाली नई सरकार ने उन्हें भारत के संविधान की रूपरेखा बनाने में शामिल होने को आमंत्रित किया। उन्हें संविधान मसौदा समिति का अध्यक्ष नियुक्त किया गया। उन्हें देश के पहले कानून मंत्री के रूप में भी नियुक्त किया गया।

अम्बेडकर का संविधान

अम्बेडकर के संविधान का उद्देश्य था किसी भी तरह के भेदभाव से मुक्त कर, देश में एक सामाजिक क्रांति लाना। संविधान में नागरिकों को धर्म अपनाने की स्वतंत्रता दी, अस्पृश्यता का उन्मूलन किया, महिलाओं के अधिकारों के लिए आवाज़ उठाई और समाज के विभिन्न वर्गों के बीच व्याप्त दरार को भरा। यहां तक कि संविधान में पिछड़े वर्ग के लोगों के लिए रोज़गार व शिक्षा में आरक्षण प्रणाली का भी प्रावधान दिया गया।

अवलोकन

संविधान की धारा 15 के अनुसार, 'धर्म, मूलवंश, जाति, लिंग, जन्मस्थान या इनमें से किसी आधार मात्र पर सरकार को किसी भी नागरिक के साथ भेदभाव नहीं करना चाहिए।'

धारा 17 ने अस्पृश्यता की प्रथा को प्रतिबंधित कर दिया और समाज के पिछड़े वर्गों के लिए नौकरियों में आरक्षण प्रदान किया। 1949 में संविधान को अपनाया गया।

संविधान की प्रस्तावना में लिखा है: हम भारत के लोग, भारत को एक सम्पूर्ण प्रभुत्व सम्पन्न, समाजवादी, पंथनिरपेक्ष, लोकतंत्रात्मक गणराज्य बनाने के लिए तथा उसके समस्त नागरिकों को:

सामाजिक, आर्थिक और राजनीतिक न्याय, विचार, अभिव्यक्ति, विश्वास, धर्म और उपासना की स्वतंत्रता, प्रतिष्ठा और अवसर की समता प्राप्त करने के लिए तथा उन सबमें व्यक्ति की गरिमा और राष्ट्र की एकता और अखण्डता सुनिश्चित करनेवाली बंधुता बढ़ाने के लिए दृढ़ संकल्प होकर इस संविधान को अंगीकृत, अधिनियमित और आत्मार्पित करते हैं।

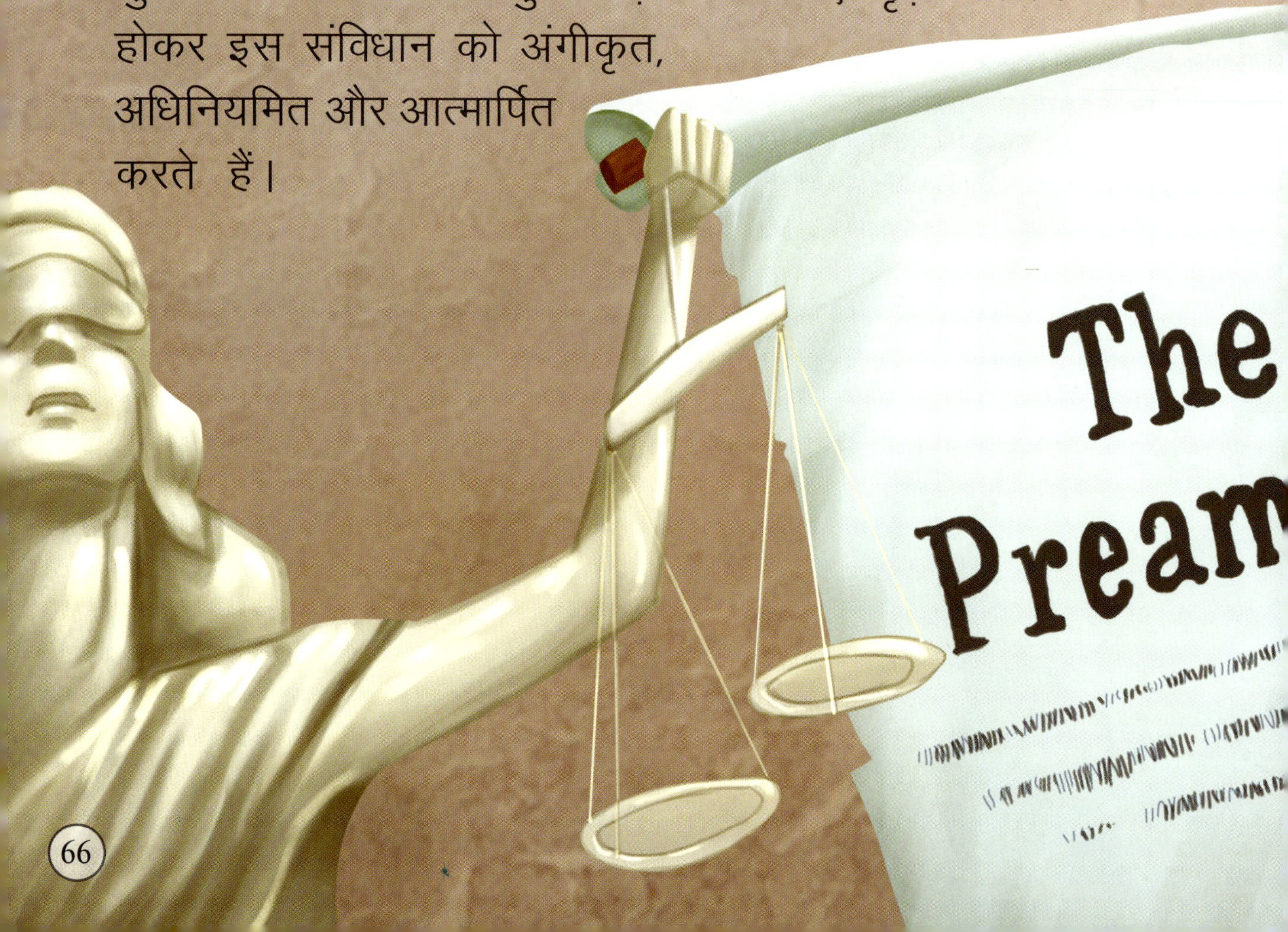

1951 में, उन्होंने मंत्रीमंडल से त्यागपत्र दे दिया। उन्होंने लोकसभा की सीट के लिए चुनाव लड़ा पर वह हार गए। बाद में उन्हें राज्यसभा में नियुक्त किया गया जहां वह संसद के एक सक्रिय सदस्य के रूप में कार्य करते रहे।

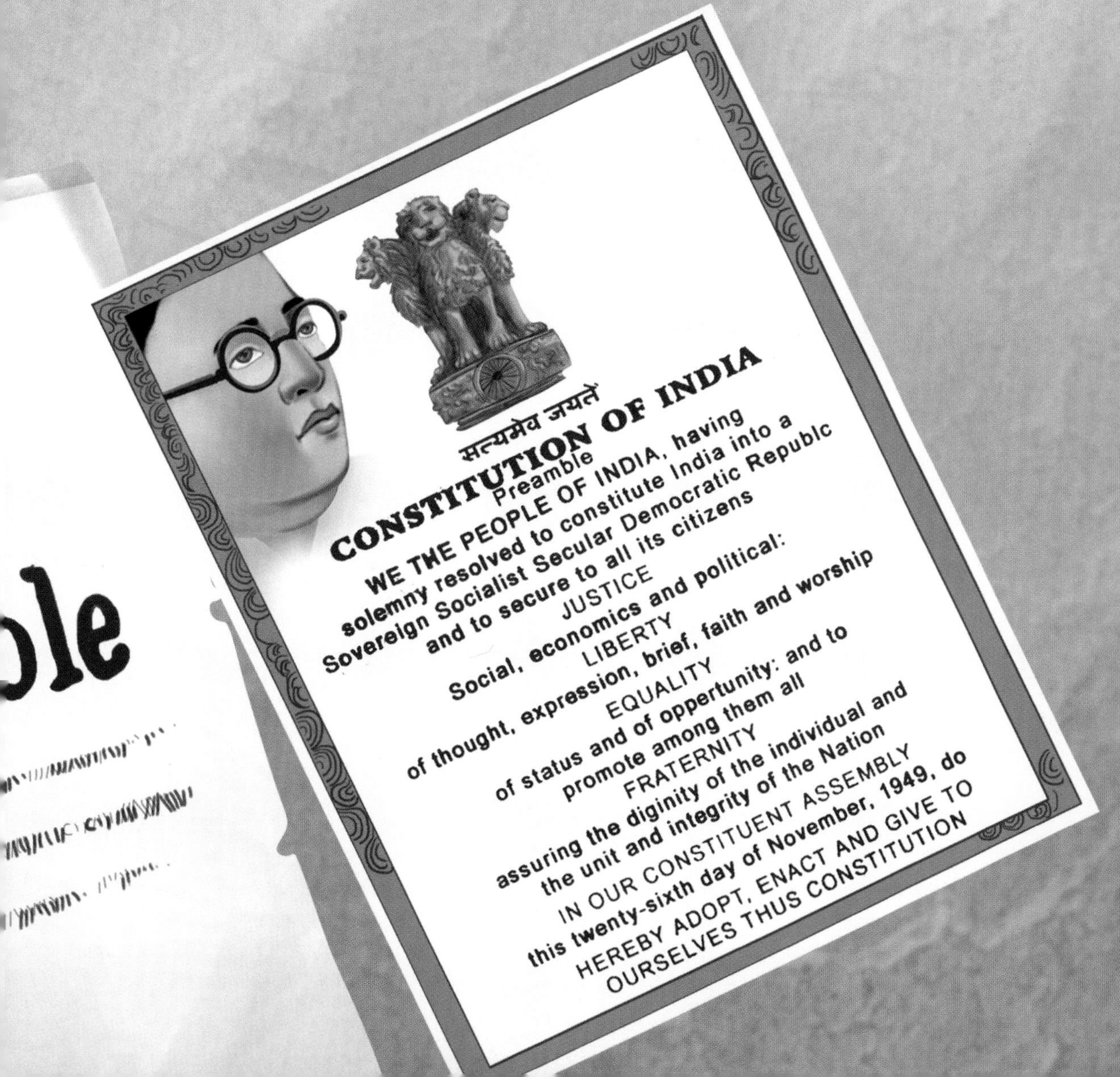

अम्बेडकर, संविधान के अनुच्छेद 370 के विरुद्ध थे, जो जम्मू और कश्मीर राज्य को एक विशेष दर्जा प्रदान करता है। वस्तुतः, यह माना जाता है कि अम्बेडकर ने शेख अब्दुल्ला को कहा था: 'आप चाहते हैं कि भारत आपकी सीमाओं की सुरक्षा करे, वह आपके क्षेत्र में सड़कों का निर्माण करे, वह आपको अनाज दे और कश्मीर को भारत में समान दर्जा मिले। पर भारत की सरकार के पास

सीमित अधिकार हैं और भारतीयों के पास कश्मीर में कोई अधिकार नहीं हैं। इस प्रस्ताव को अनुमति देना भारत के हितों के प्रति विश्वासघात होगा और मैं, भारत का कानून मंत्री होने के नाते, ऐसा कभी नहीं करूंगा।'

बौद्ध धर्म को अपनाना

अम्बेडकर ने बचपन से ही भारतीय धर्मग्रंथों का अध्ययन किया था पर वह हिंदू धर्म में व्याप्त जाति प्रथा के विरुद्ध थे। अनेक बार उन्होंने अपने धर्म को बदलने की इच्छा के बारे में बताया और अपनी जाति के अन्य लोगों को भी इस बात के लिए प्रेरित किया।

अक्टूबर 1956 में उन्होंने नागपुर में बौद्ध धर्म अपनाने का निश्चय किया। इस धर्म परिवर्तन के अगले दिन उन्होंने सार्वजनिक रूप से एक प्रेरणादायक और ऐतिहासिक भाषण दिया। उन्होंने बताया कि धर्म परिवर्तन करने के लिए आखिर उन्होंने नागपुर को क्यों चुना।

उन्होंने कहा, 'अनेक लोगों ने मुझसे पूछा कि आखिर इस काम के लिए मैंने नागपुर क्यों चुना। आखिर यह धर्म परिवर्तन किसी और शहर में क्यों नहीं किया?

जिन्होंने बौद्ध धर्म के इतिहास को पढ़ा है वे इस बात को जान जाएंगे कि भारत में अगर किसी ने बौद्ध धर्म को फैलाया था तो वे थे नागपुर के लोग।'

वह जीवन भर बौद्ध धर्म का अध्ययन करते रहे और 1950 के दशक में, उन्होंने अपना अधिकांश समय बौद्ध धर्म का अध्ययन करते हुए व्यतीत किया। वह बहुत बार श्रीलंका गए और इस धर्म में दिलचस्पी होने की वजह से अनगिनत बौद्ध सम्मेलनों में हिस्सा लिया।

'द बुद्ध एंड हिज़ धम्म: ए क्रिटीकल एडीशन' नामक पुस्तक में अम्बेडकर लिखते हैं: 'इस प्रश्न का सीधा–सा उत्तर है कि मैं बौद्ध के धम्म को सबसे बेहतर मानता हूँ। इसकी तुलना किसी भी धर्म के साथ नहीं की जा सकती है। अगर आधुनिक व्यक्ति जिसने विज्ञान का अध्ययन किया है, का धर्म होना चाहिए तो उसके लिए केवल बौद्ध धर्म ही है। समस्त धर्मों का पैंतीस वर्षों

तक गहन अध्ययन करने के बाद ही यह विश्वास मेरे अंदर पैदा हुआ है।'

उनके बाद, उनके करीब पांच सौ हज़ार अनुयायियों ने बौद्ध धर्म को अपना लिया। 1955 में उन्होंने भारतीय बौद्ध महासभा की स्थापना की और भारत में बौद्ध धर्म को पुनर्स्थापित करने में मदद की।

अम्बेडकर की मृत्यु

1948 से, अम्बेडकर मधुमेह की बीमारी से पीड़ित थे। पर 1954 में, दवाइयों के दुष्परिणामों और कमज़ोर होती दृष्टि के कारण उनका स्वास्थ्य और बिगड़ने लगा। 6 दिसंबर 1956 को दिल्ली में अपने घर में सोते–सोते ही अम्बेडकर की मृत्यु हो गई। बौद्ध धर्म की रीति से उनका दाह संस्कार किया गया। उनके अंतिम दर्शन करने लगभग पचास हज़ार लोग आए।

समाज में दिए उनके योगदान को सम्मान देने के लिए, मुंबई में चैत्य भूमि नामक एक स्मारक स्थापित किया गया। उनका जन्मदिन सार्वजनिक अवकाश के रूप में मनाया जाता है जो अम्बेडकर जयंती के नाम से प्रसिद्ध है।

OTHER TITLES IN THIS SERIES